Luise Lilienthal

Mini-Muffins

Süß, saftig & pikant

Fotografiert von
Karl Newedel

Bassermann

Inhalt

Einladung zur kleinen Verführung   3

Das ABC des Muffin-Backens   4

Die Rezepte   10

Milchkaffee-Krapferl	12	Praliné im Beerensee.	38
Lemonissimo.	14	Heidelbeer-Klassik.	40
Espresso doppio	16	Ingwer-Minis mit weißer	
Elfentörtchen.	18	Schokolade	42
Zimtschnecken mit Äpfeln	20	Bunte Minis mit Marzipan	44
Eierlikör-Minis für den Kaffeeklatsch .	22	Walnuss-Pralinen.	46
Frankfurter Miniaturen.	24	Physalis-Muffins	48
Banana Cups.	26	Ananas-Muffins »Red Summer«. . . .	50
Mango! Mango!	28	Schinkenkörbchen.	52
Maikäfer flieg.	30	Antipasti Muffini	54
Coconut Dream	32	Spinatpastetchen.	56
Castagnaccino.	34	Hirtenhäppchen	58
Aprikosenbusserl.	36	Wasabi Whopper	60

Tipps und Ideen   62

Alphabetisches Rezeptverzeichnis   63

Dank und Impressum   64

Einladung
zur kleinen Verführung

Wenn über Minimuffins gesprochen wird, denken die meisten Menschen vermutlich an Kindergeburtstag. Kleine Esser – kleine Muffins.

Minimuffins sind jedoch keineswegs nur etwas für Kinder, sie sind sehr viel mehr. Mit den unterschiedlichsten Aromen angereichert, hübsch serviert oder als Geschenk verpackt, bieten sie ein Fest für die Sinne. Die kleinen Kuchenpralinen sind aber nicht nur schön anzusehen, sondern wahre Verführer, die süchtig machen.

Ich selbst habe es selten erlebt, dass Backwerk soviel Glückseligkeit auslöst. »Jetzt nehme ich wirklich nur noch einen« war ein Satz, den ich oft gehört habe. Fünf Muffins später wurde er mit der gleichen Überzeugung wiederholt, Schluss war aber immer erst, wenn der Teller wirklich leer war.

Ich wünsche auch Ihnen viel Spaß beim Backen und Probieren und dabei, sich selbst und andere glücklich zu machen.

Luise Lilienthal

Das ABC des Muffin-Backens

Kleine Köstlichkeiten für jeden Anlass

Minimuffins sind große Verführer. Sie sind klein und charmant, schnell zubereitet und noch schneller gegessen. Ein kleiner Muffin lässt sich als Gebäck zu Tee oder Kaffee servieren, vor dem Essen als Amuse-Gueule reichen oder einfach nur als köstliche Kuchenpraline zwischendurch genießen.

Die Grundausstattung

Minimuffins bestehen eigentlich immer aus einer Art Grundteig, den Sie mit Obst, Schokolade, auch pikant mit Gemüse oder Nüssen, variieren und mit Dekoelementen hübsch garnieren können. Damit Sie jederzeit gerüstet sind, wenn Sie die Lust auf einen Minimuffin überkommt oder Gäste unerwartet klingeln, sollten Sie folgende Zutaten immer im Haus haben: Mehl, Zucker, Eier, geschmacksneutrales Öl, Backpulver, Speisestärke und Joghurt. Ich bevorzuge Distelöl. Statt des Distelöls können Sie auch ein anderes geschmacksneutrales Öl wie Sonnenblumenöl oder Rapsöl verwenden. Ölivenöl aber ist wegen des starken Eigengeschmacks nicht geeignet. Das sind die Pflichtzutaten, alles andere ist Kür. Für Schokoladenmuffins benötigen Sie Kakaopulver oder Schokolade, für fruchtige Muffins Beeren oder anderes Obst. Puderzucker sollte sowieso in keinem Backhaushalt fehlen – wir brauchen ihn bei einigen Rezepten für die Glasur. Dekoelemente wie z. B. Elfenstaub oder Streuzucker machen aus jedem Muffin einen kleinen Hingucker, der nicht nur auf Geburtstagsfeiern von Mädchen der Renner ist. Hefe- und Blätterteig können Sie zwar auch selbst herstellen, müssen es aber nicht. In jedem gut sortierten Supermarkt finden Sie Hefe- und Blätterteig auch als Fertigprodukt. Besonders beim Blätterteig spricht kaum mehr etwas dafür, die aufwendige Prozedur durchzuführen.

In einigen Rezepten verwende ich Alkohol, beispielsweise Eierlikör. Auch wenn sich der Alkohol durch das Backen weitgehend verflüchtigt, sind diese kleinen Muffins doch eher etwas für Erwachsene und gehören nicht in Kindermund. Siruphersteller bieten inzwischen aber ein sehr breites Sortiment an, sodass es leckere Alternativen gibt. Statt Limoncello können Sie auch Limetten-Fruchtsirup verwenden, statt Batida de Coco Kokos-Fruchtsirup. Garantiert alkoholfrei und kindergerecht. Für Eierlikör gibt es allerdings keinen adäquaten Ersatz.

Ähnlich wie mit den Zutaten verhält es sich auch mit den Küchengeräten. Als Grundausstattung genügt es, zwei Rührschüsseln, einen kleinen Topf, einen Kochlöffel, einen Teigschaber, ein Messer, einen Backpinsel, einen Holzzahnstocher und eine Küchenwaage zu besitzen. Die Waage ist zwar nicht zwingend erforderlich, erleichtert das genaue Abwiegen aber ungemein. Ein Handrührgerät brauchen Sie nur dann, wenn Sahne oder Buttercreme ins Spiel kommt. Zum stilvollen Verzieren ist ein Spritzbeutel mit Tülle sehr praktisch.

Backen

Bei der Teigzubereitung gibt es zwei Komponenten – den trockenen und den feuchten Teig. Das Geheimnis des fluffigen Muffins liegt in diesem Zweikomponenten-Vorgehen. Die trockenen und feuchten Teigbestandteile werden erst zum Schluss rasch zusammengemischt und vorsichtig verrührt. Zu heftiges Schlagen führt zu zähen Muffins. Minimuffins sind in dieser Hinsicht aber sehr viel robuster als ihre großen Geschwister.

Diese Robustheit hat einen ganz wunderbaren Nebeneffekt. Sie können nämlich aus einem Grundteig mehrere Varianten herstellen und in einem Blech backen. So können Sie zum Beispiel die erste Hälfte des Teiges zu hellen Muffins verarbeiten und die zweite Hälfte mit einem Esslöffel Kakao färben und dunkle Muffins gleich mitbacken. Ähnlich verhält es sich mit Obst. Bereiten Sie zwölf Muffins beispielsweise mit Heidelbeeren zu und die restlichen zwölf mit Cranberrys. Schon haben Sie eine bunte Vielfalt auf dem Teller.

Alles, was Sie beim Variantenbacken beachten müssen, ist die Backzeit. So wird es schwierig, Muffins, die zwölf oder 14 Minuten benötigen, zusammen mit Muffins zu backen, die nur zehn Minuten benötigen.

Füllen Sie die Vertiefungen nur bis maximal drei Viertel mit Teig, weil er wegen des Backpulvers noch aufgeht. Sind die Förmchen zu üppig befüllt, quillt der Muffin über, was nicht nur die Form des Muffins beeinträchtigt, sondern zusätzlich Arbeit beim Reinigen der Backform bedeutet. Relativ zielsicher lässt sich der Teig mit einem Teelöffel in die Förmchen füllen.

Jeder Ofen heizt ein wenig anders. Auch wenn digitale Temperaturanzeigen verlässlicher wirken als Drehräder bei Gasöfen, so empfiehlt es sich immer, ein einfaches und bestechend zuverlässiges Testverfahren anzuwenden: den Holzstäbchentest. Damit können Sie feststellen, ob die Minimuffins fertig sind. Einfach in einen Muffin stechen und wieder herausziehen. Bleiben keine und nur wenige Teigkrümelchen am Stäbchen oder Zahnstocher hängen, sind die Muffins fertig. Ansonsten sollten Sie ihnen noch ein bis zwei Minuten geben und den Test wiederholen.

Nehmen Sie nach dem Backen die Form aus dem Ofen und lassen Sie die Muffins ein paar Minuten abkühlen. Fahren Sie dann mit einem kleinen Messer, möglichst einem Obstmesserchen, am Rand der Muffins entlang. Wenn Sie daran gedacht haben, die Förmchen vorher einzuölen, werden die Muffins spielend leicht aus der Form gehen. Lassen Sie sie auf einem Kuchengitter ein paar Minuten auskühlen, bevor Sie sie verzieren.

Dekorieren

Beim Gestalten Ihrer Muffins können Sie Ihrer Fantasie freien Lauf lassen. Erlaubt ist alles, was gefällt und auf den kleinen Muffins Platz findet.

Damit der Muffin unter einer Schokoschicht richtig saftig schmeckt, marmeladieren wir ihn. Das heißt nichts anderes, als dass er einfach kopfüber in geschmacklich passende Marmelade getaucht wird. Sie können aprikotieren, zitronisieren oder was auch immer Sie als passend empfinden. Minimuffins sind sehr klein. Um nicht unnötig Marmelade zu verschwenden oder den Muffin in den Tiefen des Marmeladenglases zu verlieren, füllen Sie die Marmelade am besten in eine typische Espressotasse. Der Durchmesser der Tasse ist etwas größer als der Kopf des Muffins – so kann er weder ertrinken noch kippen. Lassen Sie die Marmelade einziehen, bevor Sie den Muffin mit Schokolade überziehen. Dafür müssen Sie die Schokolade über einem heißen, nicht kochenden Wasserbad schmelzen. Achten Sie darauf, dass das Wasser nicht in die Schoko-

lade schwappt. Denn sie verklumpt sofort und ist für den Guss nicht mehr zu gebrauchen. Und wieder kommt die Espressotasse zum Einsatz, sofern Sie nur die Kuppel glasieren wollen. Wenn Sie den Muffin komplett tauchen möchten, benötigen Sie eine etwas größere Schüssel und im Idealfall eine Pralinengabel. Stellen Sie die Muffins wieder auf das Kuchengitter und legen Sie zuvor eine Zeitung drunter, damit die ablaufende Schokolade nicht den Tisch verklebt.

Sehr viel schneller sind Zuckerglasuren herzustellen. Puderzucker wird mit Wasser, Zitrone, Sirup oder Likör gemischt und in die Espressotasse gefüllt und die Muffins kopfüber eingetaucht. Trocknen lassen und fertig sind sie. Wenn Sie wollen, können Sie noch ein paar farbige Zuckerstreusel darüber verteilen, solange die Glasur noch feucht ist.

Servieren und verschenken

Süße Muffins sollten Sie kalt servieren, würzige Muffins möglichst noch warm. Sie können die Muffins als Fingerfood reichen, in kleinen Schälchen anbieten, auf einer Etagere anrichten oder auf einem Kuchentellerchen servieren. Liebevoll präsentiert kann ihnen niemand widerstehen.

Minimuffins eignen sich auch hervorragend als kleines Mitbringsel oder Betthupferl und sind als Liebesbeweis unschlagbar. In Papeterien können Sie bunte Schächtelchen erwerben, in denen Sie Ihre Minimuffins stilvoll und transportsicher überreichen können. Verpackt in Zellophan und mit einem Schleifchen versehen, sind sie ein ausgesprochen persönliches Geschenk.

Die Rezepte

Mit cremiger Füllung

Milchkaffee-Krapferl

Zubereitungszeit

35 Minuten

Backzeit

10 Minuten

Für die Form

etwas geschmacks-
neutrales Öl

Zutaten

80 g Mehl
1 EL Speisestärke
1 TL Backpulver
40 g Schokolade, zartbitter
1 Ei (Größe M)
50 g Zucker
3 EL Joghurt
50 ml geschmacks-
neutrales Öl
1 Prise Salz
60 ml Espresso, sehr stark
1 Päckchen Paradiescreme
Milchkaffee
200 ml Milch
1 EL Quark

1 Den Backofen auf 175 °C (E-Herd) vorheizen (Umluft: 155 °C). Die Vertiefungen der Form mit Öl einpinseln.

2 Das Mehl mit der Speisestärke und dem Backpulver vermengen. Die Schokolade sehr fein hacken und hinzugeben.

3 In einer zweiten Schüssel das Ei mit Zucker, Joghurt, Öl, Salz und 1 Esslöffel Espresso verquirlen.

4 Die Eier- mit der Mehlmischung vorsichtig vermischen und den Teig in die Vertiefungen füllen, aber nur bis zu drei Vierteln. Die Muffins auf einem Backrost auf der mittleren Schiene des vorgeheizten Backofens 10 Minuten backen. Auf einem Kuchengitter auskühlen lassen.

5 Die Paradiescreme mit 200 ml Milch (statt mit 300 ml, wie auf der Packung angegeben), dem restlichen Espresso und Quark anrühren und kalt stellen.

6 Die Muffins in der Mitte durchschneiden. Die Paradiescreme mit der Spritztülle auf den unteren Teil auftragen und den Deckel vorsichtig und leicht aufsetzen, ohne die Creme dabei herauszudrücken. Den Deckel mit einem Tupfer Paradiescreme garnieren und mindestens eine halbe Stunde kalt stellen.

Lemonissimo

Zubereitungszeit

25 Minuten

Backzeit

10 Minuten

Für die Form

etwas geschmacks-
neutrales Öl

Zutaten

100 g Mehl
1 EL Speisestärke
1 TL Backpulver
1 Prise Salz
2 Eier (Größe M)
50 g Zucker
abgeriebene Schale und
   Saft von 1 unbehandelten
   Zitrone
2 EL Zitronenlikör
   (Limoncello)
2 EL saure Sahne
40 g Butter
60 g Puderzucker
2 Zweige Zitronenthymian
   zum Verzieren

1 Den Backofen auf 175 °C (E-Herd) vorheizen (Umluft: 155 °C). Die Vertiefungen der Form mit Öl einpinseln.

2 Mehl mit Speisestärke, Backpulver und der Prise Salz vermischen.

3 In einer zweiten Schüssel die Eier mit Zucker, 1 Esslöffel Zitronensaft, Zitronenlikör, saurer Sahne und dem Zitronenabrieb verquirlen.

4 Die Eimasse vorsichtig mit der Mehlmischung vermischen.

5 Den Teig zu drei Vierteln in die Vertiefungen der Form füllen und auf einem Backrost auf der mittleren Schiene des vorgeheizten Backofens 10 Minuten backen.

6 Für die Glasur die Butter in einem Topf schmelzen. Den Topf vom Herd nehmen und den Puderzucker sowie den restlichen Zitronensaft einrühren. Die Glasur etwas abkühlen lassen und die erkalteten Muffins darin eintauchen. Mit Blättchen von dem Zitronenthymian verzieren.

Espresso doppio

Zubereitungszeit

30 Minuten

Backzeit

10 Minuten

Für die Form

etwas geschmacks-
neutrales Öl

Zutaten

90 g Mehl
20 g Kakaopulver
1 EL Speisestärke
1 TL Backpulver
1 Msp. Kardamom, gemahlen
1 Prise Salz
55 g Zucker
2 Eier (Größe M)
2 EL Joghurt

50 ml geschmacks-
neutrales Öl
2 EL Espresso, sehr stark
2 EL Johannisbeergelee
1 Päckchen Kuchenglasur,
zartbitter
24 Espressobohnen,
schokoliert

1 Den Backofen auf 175 °C (E-Herd) vorheizen (Umluft: 155 °C). Die Vertiefungen der Form mit Öl einpinseln.

2 Das Mehl mit Kakaopulver, Speisestärke, Backpulver, Kardamom und der Prise Salz vermischen.

3 In einer zweiten Schüssel den Zucker mit den Eiern, dem Joghurt, dem Öl und dem Espresso verquirlen. Die Eiermasse mit der Mehlmischung vorsichtig vermischen.

4 Den Teig zu drei Vierteln in die Vertiefungen der Form füllen. Auf einem Backrost auf der mittleren Schiene des vorgeheizten Backofens 10 Minuten backen.

5 Das Johannisbeergelee in eine Espressotasse geben und mit einer Gabel glatt rühren. Die noch warmen Muffins kopfüber in das Johannisbeergelee tauchen und trocknen lassen.

6 Die Kuchenglasur in einem Wasserbad erhitzen. Die Muffins in die flüssige Kuchenglasur tauchen. Mit jeweils einer schokolierten Espressobohne dekorieren.

Tipp Dazu passt eine Espressosauce wunderbar. (Siehe Seite 62)

Elfentörtchen

Zubereitungszeit

10 Minuten

Backzeit

10 Minuten

Für die Form

etwas geschmacks-
neutrales Öl

Zutaten

90 g Mehl
1 TL Backpulver
1 EL Speisestärke
1 Prise Salz
1 Ei (Größe M)
50 g Zucker
50 ml geschmacks-
neutrales Öl
3 EL Joghurt

3 EL Puderzucker
1 TL Himbeersirup
3 EL Elfenstaub oder
anderen Dekozucker

1 Den Backofen auf 180 °C (E-Herd) vorheizen (Umluft: 160 °C). Die Vertiefungen der Form mit Öl einpinseln.

2 Das Mehl mit Backpulver, Speisestärke und dem Salz vermengen.

3 In einer zweiten Schüssel das Ei mit dem Zucker, dem Öl und dem Joghurt verquirlen.

4 Die Mehl- mit der Eimischung vorsichtig vermischen und den Teig zu drei Vierteln in die Vertiefungen geben. Auf einem Backrost auf der mittleren Schiene des vorgeheizten Backofens 10 Minuten backen.

5 Für den Guss den Puderzucker mit dem Himbeersirup vermengen. In eine Espressotasse füllen. Die Muffins kopfüber in den Guss tauchen und auf ein Kuchengitter stellen. Die noch feuchten Muffins mit Elfenstaub oder anderem Dekorzucker bestreuen.

Zimtschnecken mit Äpfeln

Zubereitungszeit

35 Minuten

Backzeit

12 Minuten

Für die Form

etwas geschmacks-
neutrales Öl

Zutaten

1 Packung Hefeteig, 450 g
aus dem Kühlregal

2 Äpfel (150 g), z. B. Boskop
1 TL Zimt
80 g Haselnüsse, gemahlen
75 g Quark
20 g brauner Zucker
20 g Butter, flüssig
Zimtzucker zum Bestreuen
4 EL Aprikosenmarmelade

1 Den Backofen auf 175 °C (E-Herd) vorheizen (Umluft: 155 °C). Die Vertiefungen der Form mit Öl einpinseln.

2 Entweder den fertigen Hefeteig mit einer Fläche von 25 x 39 cm oder einen Hefeteig kneten und dünn auf die angegebene Größe ausrollen. Drei Streifen von 25 x 13 cm abschneiden.

3 Die Äpfel schälen, entkernen und fein raspeln. Mit Zimt, Haselnüssen, Quark und Zucker vermengen. Jeweils ⅓ der Apfelmasse gleichmäßig auf die Teigstreifen streichen und von der langen Seite her aufrollen. Mit einem scharfen Messer in ca. 3 Zentimeter breite Streifen schneiden.

4 Die Schnecken hochkant in die Vertiefungen der Form setzen und mit der flüssigen Butter bestreichen. Den Zimtzucker darüber streuen.

5 Die Schnecken auf einem Backrost auf der mittleren Schiene des vorgeheizten Backofens 12 Minuten backen.

6 Die Aprikosenmarmelade glatt rühren, in eine Espressotasse füllen und die noch warmen Muffins kopfüber in die Marmelade tauchen. Auf einem Kuchengitter trocknen lassen.

Tipp Machen Sie den Hefeteig einfach selbst. (Siehe Seite 62)

Eierlikör-Minis für den Kaffeeklatsch

Zubereitungszeit

40 Minuten

Backzeit

10 Minuten

Für die Form

etwas geschmacks-
neutrales Öl

Zutaten

90 g Mehl
1 EL Speisestärke
1 TL Backpulver, gestrichen
1 Prise Salz
½ TL Zimt
40 g Zucker
1 TL Zuckerrübensirup
1 Ei (Größe M)
1 Eigelb (Größe M)
3 EL Joghurt
50 ml geschmacks-
neutrales Öl
1 EL Eierlikör
1 EL Zartbitterschokolade
(70 %)
1 Birne
2 TL Zitronensaft
3 TL Quittengelee
50 g Zartbitterschokolade
10 g Butter

1 Den Backofen auf 175 °C (E-Herd) vorheizen (Umluft: 155 °C). Die Vertiefungen der Form mit Öl einpinseln. Das Mehl mit Speisestärke, Backpulver, Salz und Zimt verrühren.

2 In einer zweiten Schüssel den Zucker mit Zuckerrübensirup, dem Ei, dem Eigelb, dem Joghurt, dem Öl und dem Eierlikör verrühren.

3 Die Zartbitterschokolade sehr klein hacken. Die Birne schälen, Kerne entfernen und klein würfeln. Mit 1 Teelöffel Zitronensaft beträufeln.

4 Schokolade und Birne zur Eiermasse geben und diese mit der Mehlmasse verrühren. Den Teig zu drei Vierteln

in die Vertiefungen der Form füllen. Die Muffins auf einem Backrost auf der mittleren Schiene des vorgeheizten Backofens 10 Minuten backen.

5 Das Quittengelee mit dem restlichen Zitronensaft verrühren und in eine kleine Espressotasse füllen. Die noch warmen Muffins kopfüber in die Marmelade tauchen und dann auf einem Kuchengitter trocknen lassen.

6 Die Schokolade mit der Butter in einem Wasserbad schmelzen. Die Muffins in die Glasur tauchen und auf einem Kuchengitter abtropfen und trocknen lassen. Mit geschlagener Sahne servieren.

Frankfurter Miniaturen

Zubereitungszeit

40 Minuten

Backzeit

10 Minuten

Für die Form

etwas geschmacks-
neutrales Öl

Zutaten

90 g Mehl
1 TL Backpulver
1 EL Speisestärke
1 Päckchen Vanillezucker
1 Prise Salz
1 Ei (Größe M)
40 g Zucker
50 ml geschmacks-
neutrales Öl

3 EL Joghurt
3 EL Aprikosenmarmelade
1 Päckchen Vanillepudding
375 ml Milch
100 g weiche Butter
1 EL Puderzucker
3 EL Aprikosenmarmelade
2 EL Haselnusskrokant
12 Belegkirschen

1 Den Backofen auf 180 °C (E-Herd) vorheizen (Umluft: 160 °C). Die Vertiefungen der Form mit Öl einpinseln.

2 Das Mehl mit Backpulver, Speisestärke, Vanillezucker und dem Salz vermengen. In einer zweiten Schüssel das Ei mit Zucker, Öl und Joghurt verquirlen.

3 Die Mehl- mit der Eimasse vorsichtig vermischen. Den Teig zu drei Vierteln in die Vertiefungen der Form füllen. Auf einem Backrost auf der mittleren Schiene des vorgeheizten Backofens 10 Minuten backen.

4 Die Aprikosenmarmelade glatt rühren, und die Muffins damit bestreichen.

5 Den Pudding nach Packungsvorschrift, jedoch nur mit 375 ml Milch zubereiten, mit Klarsichtfolie bedecken und abkühlen lassen. Den Pudding dann mit Butter und Zucker glatt rühren.

6 Die Muffins in der Mitte durchschneiden. Die untere Hälfte mit Aprikosenmarmelade bestreichen.

7 Die Creme in einen Spritzbeutel füllen. Auf die mit Aprikosenmarmelade bestrichene Hälfte einen Tupfer spritzen und den Deckel leicht aufsetzen. Auf den Deckel des Muffins ein Krönchen aus Creme spritzen. Die Creme mit Krokant bestreuen und mit einer halbierten Kirsche verzieren. Vor dem Servieren kalt stellen.

Banana Cups

Zubereitungszeit

15 Minuten

Backzeit

10 Minuten

Für die Form

etwas geschmacks-
neutrales Öl

Zutaten

90 g Mehl
20 g Ovomaltine
1 EL Speisestärke

1 TL Backpulver
1 Prise Salz
2 Eier (Größe M)
40 g Zucker
4 EL Buttermilch
50 ml geschmacks-
neutrales Öl
½ reife Banane
50 g Vollmilchschokolade

1 Den Backofen auf 175 °C (E-Herd) vorheizen (Umluft: 155 °C). Die Vertiefungen der Form mit Öl einpinseln.

2 Das Mehl mit Ovomaltine, Speisestärke, Backpulver und Salz vermischen.

3 In einer zweiten Schüssel die Eier mit Zucker, Buttermilch und Öl verquirlen.

4 Die Banane in mit einer Gabel zerdrücken und zur Eimasse geben.

5 Die Eimasse mit der Mehlmischung vorsichtig verrühren.

6 Den Teig zu drei Vierteln in die Vertiefungen der Form füllen und auf einem Backrost auf der mittleren Schiene des vorgeheizten Backofens 10 Minuten backen.

7 40 Gramm Vollmilchschokolade in einem Wasserbad schmelzen und die Muffins kopfüber in die Schokolade tauchen. Von der restlichen Schokolade mit einem scharfen Messer Raspel abtragen und über die Muffins streuen.

Mango? Mango?

Zubereitungszeit

30 Minuten

Backzeit

12 Minuten

Für die Form

etwas geschmacks-
neutrales Öl

Zutaten

80 g Mehl
1 TL Backpulver
1 EL Speisestärke
1 Prise Salz
1 Ei (Größe M)
50 g Zucker
3 EL Joghurt
2 EL weiße Schokolade,
klein gehackt
2 Dosen Mango
50 g geschmacks-
neutrales Öl
1 Päckchen Tortenguss,
klar

1 Den Backofen auf 180 °C (E-Herd) vorheizen (Umluft: 160 °C). Die Vertiefungen der Form mit Öl einpinseln.

2 Das Mehl mit Backpulver, Speisestärke und Salz vermischen.

3 In einer zweiten Schüssel das Ei mit dem Zucker verquirlen, Joghurt und die klein gehackte weiße Schokolade hinzugeben. 2 EL Mango in sehr kleine Würfel schneiden und mit dem Öl hinzufügen.

4 Die Mehl- mit der Eimasse vorsichtig verrühren. Den Teig zu drei Vierteln in die Vertiefungen der Form füllen.

5 Aus den verbliebenen Mangoscheiben mit einem kleinen Schnapsglas kleine Kreise in der Größe der Muffinförmchen ausstechen (ca. 5 cm Ø) und auf den Teig legen. Die Muffins auf einem Rost auf der mittleren Schiene des vorgeheizten Backofens 12 Minuten backen. Die Muffins anschließend erkalten lassen.

6 Den Tortenguss nach Packungsanleitung zubereiten und die Mangodeckelchen damit bestreichen.

Maikäfer flieg?

Zubereitungszeit

35 Minuten

Backzeit

10 Minuten

Für die Form

etwas geschmacks-
neutrales Öl

Zutaten

90 g Mehl
1 TL Backpulver
1 EL Speisestärke
1 Prise Salz
1 Ei (Größe M)
2 EL Kakaopulver
50 g Zucker
4 EL Joghurt
50 ml geschmacks-
neutrales Öl
1 Päckchen dunkle
Kuchenglasur
48 Mandelhälften
Lebensmittelfarbe,
rot und weiß

1 Den Backofen auf 180 °C (E-Herd) vorheizen (Umluft: 160 °C). Die Vertiefungen der Form mit Öl einpinseln.

2 Das Mehl mit Backpulver, Speisestärke und Salz vermengen.

3 In einer zweiten Schüssel das Ei mit Kakaopulver, Zucker, Joghurt und Öl verquirlen.

4 Die Mehl- mit der Eimasse vorsichtig vermischen. Den Teig zu drei Vierteln in die Vertiefungen der Form füllen. Auf einem Backrost auf der mittleren Schiene des vorgeheizten Backofens 10 Minuten backen. Die Muffins abkühlen lassen. Sollten sie zu hoch geworden sein, den Fuß etwas zurechtschneiden.

5 Die Kuchenglasur in einem Wasserbad schmelzen. Die Muffins möglichst mit einer Pralinengabel oder einem Holzstäbchen vorsichtig in die Glasur tauchen. Auf einem Gitter abtropfen lassen. In die noch warme Schokoladenglasur je zwei Mandelhälften als Flügel anbringen. Die Muffins ganz abkühlen lassen. Mit Lebensmittelfarbe Augen und Mund aufmalen.

Coconut Dream

Zubereitungszeit

15 Minuten

Backzeit

10 Minuten

Für die Form

etwas geschmacks-
neutrales Öl

Zutaten

90 g Mehl
1 EL Speisestärke
1 TL Backpulver
40 g Kokosraspel
1 Prise Salz
1 Ei (Größe M)
40 g Zucker
50 ml geschmacks-
neutrales Öl

2 EL Batida de Coco
2 EL saure Sahne
4 EL Puderzucker

Für den Guss:
1 TL Batida de Coco
Kokosraspeln zum Wälzen

1 Den Backofen auf 175 °C (E-Herd) vorheizen (Umluft: 155 °C). Die Vertiefungen der Form mit Öl einpinseln.

2 Das Mehl mit Speisestärke, Backpulver, Kokosraspeln und Salz vermengen.

3 In einer zweiten Schüssel das Ei mit dem Zucker, Öl, Batida de Coco und der sauren Sahne verquirlen.

4 Die Mehlmischung mit der Eiermasse vorsichtig vermengen. Den Teig zu drei Vierteln in die Vertiefungen der Form füllen und auf einem Rost auf der mittleren Schiene des vorgeheizten Backofens 10 Minuten backen.

5 Den Puderzucker mit dem Batida vermischen. Die abgekühlten Muffins in den Puderzucker tauchen und anschließend sofort in den Kokosraspeln wälzen.

Castagnaccino

Zubereitungszeit

30 Minuten

Backzeit

10–12 Minuten

Für die Form

etwas geschmacks-
neutrales Öl

Zutaten

80 g Kastanienmehl
20 g Speisestärke
1 TL Backpulver
2 TL Vanillezucker
1 TL Kakaopulver
40 g Maronen, klein gehackt,
  gegart
20 g Pinienkerne
1 TL Rosmarin
50 ml geschmacks-
  neutrales Öl
1 Ei (Größe M)
100 g saure Sahne
1 Prise Salz
2 TL Zitronensaft
3 TL Zitronenmarmelade
125 g Frischkäse
125 g Butter, zimmerwarm
2 EL Puderzucker
1 EL Honig

1   Den Backofen auf 180 °C (E-Herd)
    vorheizen (Umluft: 160 °C). Die Ver-
    tiefungen der Form mit Öl einpinseln.

2   Das Kastanienmehl mit Speisestärke,
    Backpulver, Vanillezucker und dem
    Kakao verrühren.

3   Maronen zerdrücken. Pinienkerne
    in einer Pfanne ohne Fett anrösten,
    24 beiseite legen, den Rest hacken.
    Die gehackten Zutaten mit dem Öl in
    einer zweiten Schüssel vermischen.
    Das Ei einrühren. Saure Sahne, Salz,
    Zitronensaft und Zitronenmarmelade
    hinzugeben und vermengen.

4   Die Mehl- mit der Maronen-Eimasse
    vorsichtig verrühren.

5   Den Teig zu drei Vierteln in die Ver-
    tiefungen der Form geben und die
    Muffins auf einem Rost auf der mitt-
    leren Schiene des vorgeheizten Back-
    ofens 10–12 Minuten backen.

6   Den Frischkäse glatt rühren, die
    Butter hinzufügen und mit dem
    Handrührgerät schaumig schlagen.
    Dann Puderzucker und Honig hinzu-
    fügen und alles zu einer glatten
    Masse verrühren. Erkalten lassen.

7   Die Muffins durchschneiden. Die But-
    tercreme in eine Spritztülle füllen und
    einen Tupfer auf den unteren Muffin-
    teil spritzen. Den Deckel aufsetzen
    und einen Tupfer auf selbigen geben.
    Mit einem Pinienkern verzieren.

Aprikosenbusserl

Zubereitungszeit

25 Minuten

Backzeit

13 Minuten

Für die Form

etwas geschmacks-
neutrales Öl

Zutaten

90 g Mehl
1 EL Speisestärke
1 TL Backpulver
1 Prise Zimt

1 Prise Salz
2 EL Pistazien, gehackt
1 Ei (Größe M)
40 g Zucker
3 EL saure Sahne
50 ml geschmacks-
neutrales Öl
12 Zuckeraprikosen
2 EL brauner Zucker
1 EL Butter

---

1 Den Backofen auf 175 °C (E-Herd) vorheizen (Umluft: 155 °C). Die Vertiefungen der Form mit Öl einpinseln.

2 Das Mehl mit Speisestärke, Backpulver, 1 Prise Zimt, Salz und 1 Esslöffel Pistazien vermengen.

3 In einer zweiten Schüssel das Ei mit Zucker, saurer Sahne und dem Öl verquirlen.

4 Die Mehlmischung mit der Eimasse vermengen. Den Teig zu drei Vierteln in die Vertiefungen der Form füllen. Die Aprikosen waschen, halbieren, die Kerne entfernen und mit der Schnittfläche nach oben in den Teig drücken. Den Zucker mit den restlichen Pista-

zien vermischen, auf die Aprikosenhälften streuen und darauf je ein Butterflöckchen geben.

5 Die Muffins auf einem Rost auf der mittleren Schiene des vorgeheizten Backofens 13 Minuten backen.

Tipp Dazu können Sie eine Vanillesauce reichen. Besonders nett ist es, wenn jeder Gast ein kleines Fläschchen mit Sauce bekommt und den noch warmen Muffin mit dieser Sauce begießen kann. Sollten Sie keine Zuckeraprikosen bei Ihrem Händler bekommen, können Sie alternativ auch kleine Aprikosen erwerben.

Praliné im Beerensee

Zubereitungszeit

15 Minuten

Backzeit

10 Minuten

Für die Form

etwas geschmacks-
neutrales Öl

Zutaten

90 g Mehl
20 g Mandeln, gemahlen
1 TL Backpulver
1 EL Speisestärke
½ TL Piment, gemahlen
1 Ei (Größe M)
50 g Zucker
40 g Zartbitterschoko-
lade, 70 % Kakaoanteil,
geschmolzen

30 ml geschmacks-
neutrales Öl
5 EL Grand Marnier
3 EL Joghurt
1 Prise Salz
75 g Zartbitterschoko-
lade, 70 % Kakaoanteil,
geschmolzen

1 Den Backofen auf 180 °C (E-Herd) vorheizen (Umluft: 160 °C). Die Vertiefungen der Form mit Öl einpinseln.

2 Das Mehl mit Mandeln, Backpulver, Speisestärke und dem Piment verrühren.

3 In einer zweiten Schüssel das Ei mit Zucker, geschmolzener Schokolade, Öl, 2 Teelöffeln Grand Marnier, Joghurt und Salz verquirlen.

4 Die Mehl- mit der Eimasse vorsichtig mischen. Den Teig zu drei Vierteln in die Vertiefungen der Form füllen und die Muffins auf einem Rost auf der mittleren Schiene des vorgeheizten Backofens 10 Minuten backen.

5 Die noch warmen Muffins mit dem restlichen Grand Marnier tränken und trocknen lassen. Dann kopfüber in die flüssige Schokolade tauchen.

Tipp Setzen Sie die Muffins in Dessert- oder Champagnerschalen mit Cranberry-Kompott. (Siehe Seite 62)

Feines Beerengut

Heidelbeer-Klassik

Zubereitungszeit

15 Minuten

Backzeit

10 Minuten

Für die Form

etwas geschmacks-
   neutrales Öl

Zutaten

90 g Mehl
1 EL Speisestärke
1 TL Backpulver
1 Päckchen Vanillezucker
1 Prise Salz
2 Eier (Größe M)
40 g Zucker
3 EL Buttermilch
1 EL Eierlikör

50 ml geschmacks-
   neutrales Öl
50 g Heidelbeeren, frisch
   oder tiefgefroren
Puderzucker zum Bestäuben

1   Den Backofen auf 175 °C (E-Herd) vorheizen (Umluft: 155 °C). Die Vertiefungen der Form mit Öl einpinseln.

2   Das Mehl mit Speisestärke, dem Backpulver, Vanillezucker und Salz mischen.

3   In einer zweiten Schüssel die Eier mit Zucker, Buttermilch, Eierlikör und dem Öl verquirlen.

4   Die Eimasse mit der Mehlmischung vorsichtig verrühren.

5   Den Teig zu drei Vierteln in die Vertiefungen der Form füllen und mit einem Holzstäbchen je 5 Heidelbeeren in den Teig drücken. Die Muffins auf einem Rost auf der mittleren Schiene des vorgeheizten Backofens 10 Minuten backen.

6   Abkühlen lassen und mit Puderzucker bestäuben.

Ingwer-Minis *mit weißer Schokolade*

Zubereitungszeit

25 Minuten

Backzeit

10 Minuten

Für die Form

etwas geschmacks-
neutrales Öl

Zutaten

90 g Mehl
1 EL Speisestärke
1 TL Backpulver
30 g Mandeln, gemahlen
1 Prise Salz
1½ EL kandierter Ingwer,
fein gehackt
½ TL Zitronengras, sehr fein
gehackt
2 Eier (Größe M)

40 g Zucker
40 g weiße Schokolade,
geschmolzen
3 EL saure Sahne
30 ml geschmacks-
neutrales Öl
4 TL Zitronenmarmelade
50 g weiße Schokolade
Kandierter Ingwer
zum Verzieren

1 Den Backofen auf 175 °C (E-Herd) vorheizen (Umluft: 155 °C). Die Vertiefungen der Form mit Öl einpinseln.

2 Das Mehl mit Speisestärke, Backpulver, Mandeln, Salz, kandiertem Ingwer und dem fein gehackten Zitronengras vermischen.

3 In einer zweiten Schüssel die Eier mit Zucker, geschmolzener weißer Schokolade, saurer Sahne und Öl verquirlen.

4 Die Mehl- vorsichtig mit der Eimasse vermischen. Den Teig zu drei Vierteln in die Vertiefungen der Form füllen und auf einem Rost auf der mittleren Schiene des vorgeheizten Backofens 10 Minuten backen.

5 Die Zitronenmarmelade verquirlen, in eine Espressotasse füllen und die noch lauwarmen Muffins kopfüber in die Marmelade tauchen. Die Glasur auf einem Kuchengitter trocknen lassen.

6 Für die Kuchenglasur die weiße Schokolade auf einem heißen Wasserbad schmelzen und die glasierten Muffins darin eintauchen. Den noch warmen Schokoüberzug mit schmal geschnittenen Streifen des kandierten Ingwers verzieren.

Bunte Minis mit Marzipan

Zubereitungszeit

25 Minuten

Backzeit

10 Minuten

Für die Form

etwas geschmacks-
neutrales Öl

Zutaten

100 g Marzipanrohmasse
40 g Puderzucker
Lebensmittelfarbe (flüssig)
1 EL Zitronensaft
24 Liebesperlen
50 g Mehl
50 g Mandeln, gemahlen
1 EL Speisestärke
1 TL Backpulver
2 Eier (Größe M)

20 g Zucker
1 EL Amaretto
2 EL Joghurt, 50 ml Öl

Für die Glasur

3 EL Puderzucker
1 TL Zitronensaft

Außerdem:
Blümchenformausstecher
Ø 3 cm

1 Den Backofen auf 175 °C (E-Herd) vorheizen (Umluft: 155 °C). Die Vertiefungen der Form mit Öl einpinseln.

2 Die Marzipanrohmasse würfeln und mit 30 Gramm Puderzucker verkneten. Die Masse dünn ausrollen und 24 Blüten ausstechen. Den restlichen Puderzucker mit dem Zitronensaft glatt rühren und nach Belieben mit der Lebensmittelfarbe einfärben. Die Blüten mit dem Zuckerguss bestreichen, mit einer Liebesperle belegen und trocknen lassen.

3 Das Mehl mit Mandeln, Speisestärke, Backpulver und dem restlichen Marzipan vermischen.

4 In einer zweiten Schüssel die Eier mit Zucker, Amaretto, Joghurt und dem Öl verquirlen.

5 Die Mehl- mit der Eiermasse vorsichtig vermischen. Eventuell vorhandene Marzipanklümpchen mit einer Gabel zerdrücken. Den Teig zu drei Vierteln in die Vertiefungen der Form füllen und auf einem Rost auf der mittleren Schiene des vorgeheizten Backofens 10 Minuten backen.

6 Den Puderzucker mit dem Zitronensaft verrühren. Die Muffins in die Glasur tauchen. Die Marzipanblüte vorsichtig aufkleben.

Verfüh-rerisch nussig

Walnuss-Pralinen

Zubereitungszeit

25 Minuten

Backzeit

12 Minuten

Für die Form

etwas geschmacks-
neutrales Öl

Zutaten

2 EL Honig
24 Walnusshälften
90 g Mehl
1 EL Speisestärke
1 TL Backpulver
2 TL Kakaopulver
2 EL Walnüsse, gehackt
2 EL Schokolade, gehackt
1 Prise Salz

1 Ei (Größe M)
30 g Zucker
1 EL Rum
50 ml geschmacks-
neutrales Öl
Dunkle Kuchenglasur

1 Den Backofen auf 175 °C (E-Herd) vorheizen (Umluft: 155 °C). Die Vertiefungen der Form mit Öl einpinseln.

2 Den Honig in einer Pfanne leicht erwärmen. Die Walnusshälften darin wenden.

3 Das Mehl mit Speisestärke, Backpulver, Kakaopulver, gehackter Schokolade und Walnüssen und der Prise Salz vermengen.

4 In einer zweiten Schüssel das Ei mit dem Zucker, dem Rum und dem Öl verquirlen.

5 Die Mehl- mit der Eimasse vorsichtig vermengen. Den Teig zu drei Vierteln in die Vertiefungen der Form füllen und auf einem Rost auf der mittleren Schiene des vorgeheizten Backofens 12 Minuten backen.

6 Die dunkle Kuchenglasur auf einem heißen Wasserbad erwärmen. Die Muffins kopfüber in die Schokolade tauchen. Die Walnusshälften auf die noch feuchten Muffins drücken und abkühlen lassen.

Ein exquisiter Genuss

Physalis-Muffins

Zubereitungszeit

20 Minuten

Backzeit

10 Minuten

Für die Form

etwas geschmacks-
neutrales Öl

Zutaten

90 g Mehl
1 EL Speisestärke
1 TL Backpulver
1 Prise Salz
1 Ei (Größe M)
Mark von 1 Vanilleschote
50 g Zucker
50 ml geschmacks-
neutrales Öl

3 EL griechischer Joghurt
40 g weiße Schokolade
40 g Frischkäse
24 Physalis

1   Den Backofen auf 175 °C (E-Herd) vorheizen (Umluft: 155 °C). Die Vertiefungen der Form mit Öl einpinseln.

2   Das Mehl mit Speisestärke, Backpulver und Salz vermischen.

3   In einer zweiten Schüssel das Ei mit dem Vanillemark, dem Zucker und dem Öl verquirlen. Den Joghurt hinzugeben.

4   Die Mehlmischung mit der Eimasse vorsichtig vermischen. Den Teig zu drei Vierteln in die Vertiefungen der Form füllen und auf einem Rost auf der mittleren Schiene des vorgeheizten Backofens 10 Minuten backen.

5   Die weiße Schokolade über einem heißen Wasserbad schmelzen. Den Frischkäse mit einem Schneebesen unter die geschmolzene Schokolade rühren. Die Muffins in den Guss tauchen. Die Physalisbeere aus der Hülle schälen und jedes Muffin damit belegen.

Tipp   Zum Sommerauftakt können Sie statt der Physalis auch aromatische Walderdbeeren verwenden. Dekorieren Sie Ihre Tafel mit Erdbeerblättern und Erdbeerblüten.

Ananas-Muffins Red Summer

Zubereitungszeit

20 Minuten

Backzeit

12 Minuten

Für die Form

etwas geschmacks-
neutrales Öl

Zutaten

90 g Mehl
1 TL Backpulver
1 EL Speisestärke
1 Prise Salz

1 Ei (Größe M)
40 g Zucker
1 Dose Ananas (250 g)
3 EL Joghurt
50 ml geschmacks-
neutrales Öl
5 EL Puderzucker
2 TL Limettensaft
12 Belegkirschen

1 Den Backofen auf 180 °C (E-Herd) vorheizen (Umluft: 160 °C). Die Vertiefungen der Form mit Öl einpinseln.

2 Das Mehl mit Backpulver, Speisestärke und Salz vermengen.

3 In einer zweiten Schüssel das Ei mit Zucker und 2 Esslöffeln Ananassaft aus der Dose verquirlen. Zwei der Ananasscheiben aus der Dose in sehr kleine Stücke schneiden und zur Eimasse geben. Joghurt und Öl hinzugeben.

4 Die Mehl- mit der Eimasse vorsichtig miteinander vermengen. Den Teig zu drei Vierteln in die Vertiefungen der Form füllen. Weitere Ananasscheiben achteln und jeweils 1 kleines Trapez auf den Teig setzen. Die Muffins auf einem Rost auf der mittleren Schiene des vorgeheizten Backofens 12 Minuten backen. Auskühlen lassen.

5 Den Puderzucker mit dem Limettensaft verrühren. Die Muffins kopfüber vorsichtig in der Glasur drehen. Anschließend mit je einer halbierten Belegkirsche verzieren.

Schinkenkörbchen

Zubereitungszeit

35 Minuten

Backzeit

14 Minuten

Für die Form

etwas geschmacks-
neutrales Öl

Zutaten

12 Scheiben Frühstücks-
   speck (Bacon)
50 g Schinkenspeck,
   klein gewürfelt
1 TL Butter
4 EL Möhren, sehr fein
   geraspelt
4 EL Lauchzwiebeln,
   klein geschnitten
Pfeffer aus der Mühle
Salz
90 g Mehl
1 EL Speisestärke
1 TL Backpulver
½ TL Muskatnuss, frisch
   gerieben
½ TL Salz
2 Eier (Größe M)
7 EL Joghurt
50 ml geschmacks-
   neutrales Öl

1 Den Backofen auf 175 °C (E-Herd) vorheizen (Umluft: 155 °C). Die Vertiefungen der Form mit Öl einpinseln. Den Speck halbieren und die Vertiefungen damit auslegen.

2 Den Schinkenspeck in etwas Butter anbraten. Sobald der Schinken kross ist, Möhren und Lauchzwiebeln hinzugeben und mitbraten. Mit Pfeffer und Salz abschmecken.

3 Das Mehl mit Speisestärke, Backpulver, Muskatnuss und Salz vermengen.

4 In einer zweiten Schüssel die Eier mit Joghurt und Öl verrühren. Die Schinken-Gemüsemasse hinzufügen und unterrühren.

5 Die Mehlmischung mit der Eimasse vorsichtig verrühren. Den Teig zu drei Vierteln in die Vertiefungen der Form füllen. Die Muffins auf einem Backrost auf der mittleren Schiene des vorgeheizten Backofens 14 Minuten backen. Herausnehmen und noch warm servieren.

Antipasti Muffini

Zubereitungszeit

30 Minuten

Backzeit

10 Minuten

Für die Form

etwas geschmacks-
neutrales Öl

Zutaten

90 g Mehl
1 EL Speisestärke
1 TL Backpulver
½ TL Salz
1 TL schwarze Oliven,
   entsteint
1 Ei (Größe M)
2 EL Joghurt
50 ml Öl

Für die Tapenade

100 g schwarze Oliven
1 EL Kapern
1 EL Parmesan, gerieben
1 TL Semmelbrösel
4 EL Zitronensaft
1 Salz, 1 Knoblauchzehe
1 Glas eingelegte Paprika-
   schoten
Basilikumblättchen
grober schwarzer Pfeffer

1 Den Backofen auf 175 °C (E-Herd) vorheizen (Umluft: 155 °C). Die Vertiefungen der Form mit Öl einpinseln.

2 Das Mehl mit Speisestärke, Backpulver und Salz vermengen. Die Oliven klein hacken und hinzugeben.

3 In einer zweiten Schüssel das Ei mit Joghurt und Öl verquirlen.

4 Die Mehl- mit der Eimasse vorsichtig vermengen und den Teig zu drei Vierteln in die Vertiefungen der Form füllen. Die Muffins auf einem Backrost auf der mittleren Schiene des vorgeheizten Backofens 10 Minuten backen.

5 Für die Tapenade die Oliven mit Kapern, Parmesan, Semmelbrösel, Zitronensaft und Salz in eine Schüssel geben. Den Knoblauch abziehen und hinzufügen. Mit einem Pürierstab alle Zutaten zu einer geschmeidigen Masse pürieren. Sollte die Tapenade zu trocken sein, etwas Olivenöl hinzugeben. Mit Salz nach Geschmack würzen und über den noch lauwarmen Muffins verteilen.

6 Die Paprika abtropfen lassen und in schmale Streifen schneiden.

7 Die Muffins mit den Paprikastreifchen und Basilikumblättchen garnieren. Mit grobem Pfeffer bestreuen. Noch warm servieren.

Spinatpastetchen

Zubereitungszeit

30 Minuten

Backzeit

20 Minuten

Für die Form

etwas geschmacks-
neutrales Öl

Zutaten

2 Blätterteigplatten (à 275 g)
100 g Ziegenfrischkäse
bunter Pfeffer
75 g Babyspinat, frisch
Salz
50 g Ziegenfeta
20 g Butter, flüssig

1 Den Backofen auf 175 °C (E-Herd) vorheizen (Umluft: 155 °C). Die Vertiefungen der Form mit Öl einpinseln.

2 Den Blätterteig ausrollen und in 3 Streifen à 15 cm schneiden.

3 Den Ziegenfrischkäse auf die Teigstreifen streichen. Am hinteren länglichen Ende 1 cm frei lassen. Mit frisch gemahlenem Pfeffer würzen. Die Spinatblättchen auf dem Ziegenfrischkäse verteilen. Nach Geschmack salzen.

4 Den Teig von der Längsseite her aufrollen. Die Teigfläche mit dem freien Zentimeter an die Rolle drücken. Mit einem scharfen Messer Teigstücke von jeweils ca. 3 Zentimeter Breite

abschneiden, am unteren Ende ein wenig zusammendrücken und in die Förmchen setzen.

5 Den Feta zerbröseln und auf die Teilröllchen streuen. Mit flüssiger Butter bestreichen.

6 Die Pastetchen auf einem Backrost auf der mittleren Schiene des vorgeheizten Backofens ca. 20 Minuten backen.

7 In der Form ca. 5 Minuten abkühlen lassen. Mit einem scharfen Messer um die Teigröllchen herumfahren. Die Röllchen vorsichtig aus der Form heben, mit buntem Pfeffer bestreuen und noch warm servieren.

Hirtenhäppchen

Zubereitungszeit

35 Minuten

Backzeit

14 Minuten

Für die Form

etwas geschmacks-
neutrales Öl

Zutaten

90 g Mehl
1 EL Speisestärke
1 TL Backpulver
40 g Mandeln, gemahlen
½ TL Salz
2 Eier (Größe M)
3 EL Joghurt
½ TL Kreuzkümmel,
gemahlen

80 g Rote Bete, vorgegart
1 EL Zitronensaft
50 ml geschmacksneutrales
Öl
3 EL Pinienkerne, geröstet,
gehackt
200 g Feta
60 g Frischkäse
schwarzer Pfeffer, frisch
gemahlen

1 Den Backofen auf 175 °C (E-Herd) vorheizen (Umluft: 155 °C). Die Vertiefungen der Form mit Öl einpinseln.

2 Das Mehl mit Speisestärke, Backpulver, Mandeln und Salz vermengen.

3 In einer zweiten Schüssel die Eier mit Joghurt und Kreuzkümmeln verrühren. Die Rote Bete klein hacken und mit Zitronensaft marinieren. Öl hinzugeben. Die Pinienkerne in einer beschichteten Pfanne anrösten. 140 Gramm Feta fein zerbröseln. Alle Zutaten mit der Eimasse gut vermischen.

4 Die Mehl- mit der Eimasse vorsichtig verrühren. Den Teig zu drei Vierteln in die Vertiefungen der Form füllen. Die Muffins auf einem Backrost auf der mittleren Schiene des vorgeheizten Backofens 14 Minuten backen.

5 Den Frischkäse mit dem restlichen Feta zu einer glatten Masse verrühren. In eine Spritztülle füllen und jeweils einen Tupfer auf die Muffins spritzen. Mit schwarzem Pfeffer bestreuen.

Wasabi Whopper

Zubereitungszeit

20 Minuten

Backzeit

12 Minuten

Für die Form

etwas geschmacks-
neutrales Öl

Zutaten

90 g Mehl
1 EL Speisestärke
1 TL Backpulver
½ TL Salz
2 EL Wasabi-Erdnüsse,
  gehackt
1 Ei (Größe M)
3 EL saure Sahne

30 ml geschmacks-
  neutrales Öl
1 TL Erdnussbutter,
  zimmerwarm
30 g Putenschinken,
  fein gehackt
24 Wasabi Erdnüsse

1 Den Backofen auf 175 °C (E-Herd) vorheizen (Umluft: 155 °C). Die Vertiefungen der Form mit Öl einpinseln.

2 Das Mehl mit Speisestärke, Backpulver und Salz vermischen. Die gehackten Wasabi-Erdnüsse hinzugeben.

3 Das Ei mit der sauren Sahne verquirlen. Das Öl und die zimmerwarme Erdnussbutter hinzugeben. Den Putenschinken sehr klein schneiden unterheben. Alles gut vermischen.

4 Die Mehl- mit der Eimasse vorsichtig verrüren. Den Teig zu drei Vierteln in die Vertiefungen der Form füllen. Die Muffins auf einem Backrost auf der mittleren Schiene des vorgeheizten Backofens 12 Minuten backen. Noch warm servieren.

Tipp Wasabi-Erdnüsse sind eine asiatische Knabberei. Die Erdnüsse werden mit japanischem Meerrettich ummantelt. Es gibt sie in unterschiedlichen Schärfegraden.

Tipps und Ideen

Aufbewahren: Minimuffins schmecken am allerbesten, wenn sie frisch gegessen werden. Wenn Sie nicht gleich alle aufessen oder auf Vorrat backen wollen, können Sie sie problemlos einen Tag in einer möglichst dicht schließenden Dose aufbewahren. Unglasierte Muffins lassen sich auch einfrieren. Zum Auftauen legen Sie sie auf ein Backblech und backen sie im vorgeheizten Backofen bei 180°C 5–7 Minuten wieder auf. Da sich Minimuffins sehr schnell herstellen lassen, rate ich aber eher zur tagesfrischen Zubereitung.

Cranberry-Kompott: Für 4 Schalen benötigen Sie 150 g frische oder gefrorene Cranberrys, 75 g braunen Zucker, 2 EL Cointreau. Die Cranberrys mit etwas Wasser und dem Zucker in einem kleinen Topf 5 Minuten kochen lassen, bis die Cranberrys platzen. Zuletzt den Cointreau hinzugeben und das Kompott kalt stellen.

Espresso-Sauce: Dafür benötigen Sie ¼ Liter Espresso, 50 g Zucker, 50 g Zartbitterschokolade und 50 g Sahne. Den Espresso mit dem Zucker ca. 10 Minuten einkochen lassen, die Schokolade in Stücke brechen und mit der Sahne zum Espresso geben und bei niedriger Temperatur schmelzen. Die Sauce darf nicht mehr kochen. Die Sauce auf einem Teller dünn verteilen, die Muffins darauf setzen und mit je einer Himbeere und einem Minzeblättchen garnieren.

Hefeteig: Wenn Sie den Hefeteig selbst machen wollen, benötigen Sie ½ Würfel Hefe, 1 TL Zucker, 80 ml Milch, 300 g Mehl, 30 g Butter, 40 g Zucker, 1 Ei, 1 Eigelb, 1 Msp Zitronenabrieb, 1 Prise Salz.
Für den Vorteig ins Mehl eine kleine Mulde drücken, die Hefe mit Zucker und der lauwarmen Milch vermischen und abgedeckt ca. 15 Minuten gehen lassen. Die restlichen Zutaten zum Vorteig geben und den Teig mit den Knethaken des Rührgeräts gut verkneten. Weitere 20–30 Minuten an einem warmen Ort gehen lassen. Anschließend auf 25 x 40 cm ausrollen.

Alphabetisches Rezeptverzeichnis

A

Ananas-Muffins   50
Antipasti Muffini   54
Aprikosenbusserl   36

B

Banana-Cups   26

C

Castagnaccino   34
Coconut Dream   32

E

Elfentörtchen   18
Eierlikör-Minis für den
   Kaffeeklatsch   22
Espresso doppio   16

F

Frankfurter Miniaturen   24

H

Heidelbeer-Klassik   40
Hirtenhäppchen   58

I

Ingwer-Minis mit weißer
   Schokolade   42

L

Lemonissimo   14

M

Maikäfer flieg!   30
Mango! Mango!   28
Milchkaffee-Krapferl   12
Minis mit Marzipan, bunte   44

P

Physalis-Muffins   48
Praliné im Beerensee   38

S

Schinkenkörbchen   52
Spinatpastetchen   56

W

Walnuss-Pralinen   46
Wasabi Whopper   60

Z

Zimtschnecken mit Äpfeln   20

Dank

Das Wichtigste zum Schluss. Wie bei jedem Buch sind sehr viel mehr Menschen mit Engagement und Tatkraft an einem Buchprojekt beteiligt, als Namen auf dem Cover stehen. Bedanken möchte ich mich bei den Redakteurinnen von Bassermann, Anja Halveland und Birte Schrader. Keine Rezeptidee war Ihnen zu verwegen, kein Rezeptname zu verspielt. Gedankt sei auch den vielen Testessern, die sich durch alle Rezeptideen tapfer durchaßen, bei Gefallen zustimmend nickten und nie davor zurückscheuten, Verbesserungsvorschläge zu machen. Von ganzem Herzen danke ich Rita Seitz – fürs Mitbacken, Mitessen und für alles andere auch.

Impressum

ISBN: 978-3-8094-3486-3

© 2015 by Bassermann Verlag, einem Unternehmen der Verlagsgruppe Random House GmbH, 81673 München

Die Verwertung der Texte und Bilder, auch auszugsweise, ist ohne Zustimmung des Verlags urheberrechtswidrig und strafbar. Dies gilt auch für Vervielfältigungen, Übersetzungen, Mikroverfilmung und für die Verarbeitung mit elektronischen Systemen.

Umschlag- und Boxgestaltung:
Atelier Versen, Bad Aibling
Bildredaktion: Sabine Kestler
Herstellung: Elke Cramer
Redaktion: Nina Andres
Projektleitung: Birte Schrader
Fotografie: Karl Newedel, München
Foodstyling: Christian Arsan, Eugen Stichling
Layout: Atelier Versen, Bad Aibling

Die Ratschläge in diesem Buch sind von der Autorin und vom Verlag sorgfältig erwogen und geprüft, dennoch kann eine Garantie nicht übernommen werden. Eine Haftung der Autorin bzw. des Verlags und seiner Beauftragten für Personen-, Sach- und Vermögensschäden ist ausgeschlossen.

Satz: Nadine Thiel | kreativsatz, Baldham
Reproduktion: Regg Media GmbH, München
Druck und Verarbeitung:
Anpak Printing Ltd., Hongkong

Printed in China

MIX
Papier aus verantwortungsvollen Quellen
FSC® C017997

1. Auflage
67431590113